Парамаханса Йогананда
(1893–1952)

В святилище души

Как сделать молитву действенной

Парамаханса
Йогананда

В данной книге представлены выдержки из письменных трудов, лекций и неформальных бесед Парамахансы Йогананды, которые были ранее опубликованы в его книгах (в том числе в трех томах его избранных эссе и лекций), в статьях журнала *Self-Realization* (основан в 1925 году), а также в других печатных материалах общества Self-Realization Fellowship.

Название англоязычного оригинала, издаваемого
обществом Self-Realization Fellowship, Лос-Анджелес, Калифорния:
*In the Sanctuary of the Soul:
A Guide to Effective Prayer*

ISBN: 978-0-87612-171-9

Перевод на русский язык: Self-Realization Fellowship

Copyright © 2025 Self-Realization Fellowship

Все права защищены. Без предварительного разрешения Self-Realization Fellowship перепечатка (за исключением кратких цитат для рецензий) и распространение книги «В святилище души» (*In the Sanctuary of the Soul*) в любой форме — электронной, механической или любой другой, существующей сегодня или в будущем, включая фотокопирование, звуковую запись или хранение ее в информационных и принимающих системах — является нарушением авторских прав и преследуется по закону. За справками обращайтесь по адресу: Self-Realization Fellowship, 3880 San Rafael Avenue, Los Angeles, California 90065-3219, USA.

 Авторизовано Международным издательским советом
Self-Realization Fellowship

Название общества Self-Realization Fellowship и его эмблема, помещенная выше, присутствуют на всех книгах, аудио- и видеозаписях, а также других публикациях SRF, удостоверяя, что читатель имеет дело с материалами организации, которая основана Парамахансой Йоганандой и передает его учения точно и достоверно.

Первое издание на русском языке, 2025 год
First edition in Russian, 2025
Издание 2025 года
This printing 2025

ISBN: 978-1-68568-236-1

1540-J8626

СОДЕРЖАНИЕ

Предисловие vi

ЧАСТЬ I
Молитва — зов души 1

ЧАСТЬ II
Внутренняя концентрация:
прелюдия к истинной молитве 30

ЧАСТЬ III
О чем можно просить в молитве 51

ЧАСТЬ IV
Выберите определённый концепт Бога 63

ЧАСТЬ V
Молитесь, прилагая динамическую силу воли 70

ЧАСТЬ VI
Возродите свое внутреннее святилище 84

ПРЕДИСЛОВИЕ

Шри Дайя Маты, президента и духовной главы
Self-Realization Fellowship*/*Yogoda Satsanga Society of India* с 1955 по 2010 г.

Я познакомилась с Парамахансой Йоганандой в 1931 году, когда он приехал с серией лекций и занятий в Солт-Лейк-Сити, где я тогда жила. Встреча с ним коренным образом изменила мою жизнь.

Я тогда была еще подростком, но уже искала ответы на духовные вопросы. Я посещала различные службы и слушала проповеди многих священников, но сердце мое оставалось неудовлетворенным. Я спрашивала себя: «Все говорят о Боге, но где же тот, кто познал Его?»

Когда я вошла в переполненный зал, где выступал Парамаханса Йогананда, необыкновенная сила, любовь и вдохновение, которые он излучал, сразу же в самой глубине моего существа породили убеждение, что я оказалась в присутствии того, кто познал Бога и может привести меня к Нему.

В один из вечеров он говорил о вере и силе воли.

---

* Букв. «Содружество Самореализации»; произносится как [сэлф риализэйшн феллоушип]; сокр. SRF [эс-эр-эф]. Парамаханса Йогананда объяснил, что название общества означает «союз с Богом через Самореализацию (осознание своего истинного „Я") и братскую дружбу со всеми искателями Истины».

Его речь необычайно вдохновила меня, и, сидя в аудитории и слушая его, я вдруг почувствовала абсолютную уверенность в том, что вера в Бога способна свернуть горы.

Когда лекция закончилась, я осталась, чтобы поздороваться с ним. В то время я страдала от заражения крови (результат несчастного случая в школе), и врачи не знали, как мне помочь. Во время нашей беседы он неожиданно спросил меня:

— Ты веришь, что Бог может тебя исцелить? — Его глаза сияли божественной силой.

— Я знаю: Бог может исцелить меня, — ответила я.

Он коснулся моего лба в жесте благословения и сказал:

— Отныне ты исцелена. Все твои шрамы исчезнут в течение одной недели.

Так все и произошло. Моя болезнь прошла и больше никогда не возвращалась.

Для Парамахансы Йогананды молитва не была просто просьбой, а вера — недоказанным убеждением. Для него молитва была научным методом, дающим реальные результаты, реальные переживания.

Тысячи людей по всему миру были обучены им духовной науке йоги — науке души, являющей собой точные методы внутреннего общения и единения души с Богом.

«Остановитесь и познайте, что Я — Бог». Эти слова из Библии описывают предназначение йоги. Во внутренней тишине, рожденной в глубокой медитации, каждый человек может установить личный контакт с Богом. Тогда молитва станет поистине динамической: в святилище внутренней тишины она превратится в живое блаженное общение между душой и ее Творцом.

Многие фрагменты из книг Парамахансы Йогананды, в числе которых — собрания его избранных лекций и эссе, посвящены разъяснению того, как сделать молитву действенной. В эту небольшую книгу мы включили самые яркие из них. Те, кто только начинает свое путешествие во внутренний мир Духа, найдут в этой книге вдохновение и начальные инструкции. А тем, для кого молитва и медитация уже стали частью повседневной жизни, эта книга поможет углубить и усовершенствовать свои отношения с Богом.

Через все учения Парамахансы Йогананды красной нитью проходит мысль о том, что Бог не удален от нас и не скрывается за неприступной стеной, ибо «Он — Тот, Кто ближе всех, роднее всех — скрывается за нашими мыслями, чувствами и словами, которые мы произносим во время молитвы».

Как говорил Парамаханса Йогананда, если каждый день мы будем посвящать медитации и молитве даже немного времени, Бесконечный Отец-Мать-Друг превратится для нас в живое озаряющее Присутствие и станет дарить нам обновление, силу, руководство и исцеление.

Такова моя молитва, дорогой читатель, и я знаю, что точно так же помолился бы за тебя и Парамахансаджи.

Лос-Анджелес,
январь 1998 года

ЧАСТЬ

I

Молитва — зов души

Погрузитесь в безмятежность своей души

Храм Божий находится прямо в вашей душе. Погрузитесь в ее тишину и медитируйте при свете интуиции, что горит на алтаре. Там нет никаких тревог, исканий и порывов. Окунитесь в безмолвие своей уединенности…

―※―

Войдите в святая святых — святилище своей души... Вспомните и познайте забытый образ Бога внутри вас.

―※―

Каждый из нас — дитя Божие. Мы рождены в Его духе — во всей его чистоте, радости и великолепии. Это наследие неопровержимо. Библия говорит об этом: «Разве не знаете, что вы — храм Божий, и Дух Божий живет в вас?» Всегда помните: ваш Отец любит вас безусловно...

Нам вовсе не нужно убегать в джунгли, чтобы найти Его. Мы можем найти Его в джунглях повседневной жизни, в глубинах внутренней тишины.

Даже если вы просто искренне молитесь Богу, в конце концов Его великая радость снизойдет на вас.

Истинная молитва есть выражение души, зов души. Это жажда по Богу, которая исходит изнутри, проявляя себя пылко и безмолвно.

Говорите с Ним непрестанно. Тогда Он не сможет отдалиться от вас.

Господь есть Мать всех матерей, Отец всех отцов, Единый Друг, стоящий за всеми друзьями. Если вы всегда будете думать о Нем как о самом родном, вы узрите в своей жизни многие чудеса. «Он ходит со мной, беседует со мной и говорит, что я Ему родной».

Когда человеческая помощь бессильна

Наши потребности могут быть удовлетворены двумя путями. Первый из них — материальный. Например, если нам случилось заболеть, мы можем пойти к доктору, и он назначит нам лечение. Но рано или поздно человеческая помощь оказывается бессильна. В таком случае мы прибегаем ко второму пути — к Духовной Силе, к Тому, Кто сотворил наши тела, умы и души. Материальная сила ограниченна, и, когда она иссякает, мы обращаемся к неограниченной Божественной Силе. То же относится и к финансовым нашим потребностям: если мы делаем все, что в наших силах, а ситуация не меняется, мы обращаемся к этой другой Силе...

Мы не должны ограничиваться только стремлением к здоровью и финансовой стабильности, нам необходимо найти смысл жизни. Для чего мы вообще живем? Когда приходят трудности, мы реагируем прежде всего на внешнюю обстановку и предпринимаем действия, которые, по нашему мнению, могут исправить ситуацию. Однако приходит время, когда мы говорим: «Я испробовал все, но ничего не помогает. Что же мне теперь делать?» Мы можем отыскать ответ внутри, глубоко поразмышляв над своей проблемой. Это одна из форм отвеченной молитвы.

―⚘―

Если мы не в состоянии совладать с хроническими болезнями и страданиями, а человеческие методы лечения оказываются неэффективными ввиду их ограниченности, тогда нам надлежит испрашивать помощи у Бога, сила Которого неограниченна.

―⚘―

Отбросьте мысль о том, что Господь со Своей чудодейственной силой находится далеко на небесах, а вы лишь крохотный беспомощный червяк, заваленный горой трудностей. Помните: за вашей волей стоит Божественная Воля; однако эта могучая Сила не сможет вам помочь, если вы к ней не восприимчивы.

―⚘―

Бог ответит на ваши настойчивые просьбы, исполненные любви

Бог не бесчувственное немое Существо, Он сама Любовь. Если вы знаете, как установить с Ним контакт посредством медитации, Он ответит на ваши настойчивые просьбы, исполненные любви. Вам не нужно умолять: требуйте с позиции Его дитя.

―᠁―

Слову «мольба» я предпочитаю «воззвание», потому что последнее не несет в себе оттенка примитивного средневекового представления о Боге как о могучем тиране, перед которым мы должны угодничать, словно попрошайки.

―᠁―

Молитва — это зов души. Бог не сотворял нас попрошайками — Он создал нас по Своему образу и подобию. Об этом говорят Библия и индуистские писания. Нищий, просящий милостыню у богача, получает то, что причитается нищему; сын же может получить все, что попросит у своего богатого отца. Вот почему мы не должны вести себя как попрошайки. Великие души, такие как Христос, Кришна и Будда, не лгали, когда говорили, что все мы сотворены по образу и подобию Бога. И все же мы видим, что одни из нас имеют все — словно рождаются с серебряной ложкой во рту, — а другие постоянно притягивают к себе трудности и неудачи. Где же в них образ Божий? В каждом из нас живет сила Духа, все, что нам нужно, — развить ее.

Будьте Божьим дитя, а не попрошайкой

Секрет действенной молитвы заключается в том, чтобы изменить свой статус: будьте Божьим дитя, а не попрошайкой. Взывая к Нему с таким настроем, вы наполните свою молитву силой и мудростью.

В Евангелии от Иоанна (1:12) мы находим такие слова: «А тем, которые приняли Его, верующим во имя Его, дал власть быть чадами Божиими». Океан может поместиться в чаше лишь в том случае, если она сама размером с океан. Аналогично этому, чтобы постичь Бога, необходимо увеличить чашу концентрации и других человеческих способностей. «Принять» Его можно благодаря способности, обретенной путем саморазвития. Все это отличается от простой веры.

Все те, кто знает, как принять Его, могут осознать дремлющую внутри божественность путем расширения способностей своего ума. Будучи детьми Господа, в своем потенциале мы имеем ту же власть над Вселенной, какой обладает Он.

Если мы Божьи дети, почему мы подвержены печали и страданиям?

Почему многие наши желания не исполняются и столько Божьих детей проходят через ужасные страдания? Будучи в высшей степени беспристрастным, Бог просто не мог сделать так, чтобы одни Его дети были лучше других. Изначально Он сотворил все души одинаковыми — по Своему образу и подобию. И все они получили великий дар Божий — свободу воли, а также способность размышлять и действовать согласно своей мысли. Но когда-то в прошлом они нарушили Божьи законы и навлекли на себя соответствующие последствия...

Человек неблагоразумно использовал дарованную ему свыше самостоятельность и этим обрек себя на неведение, физические страдания, преждевременную смерть и другие напасти. Он пожинает плоды, которые сам же и посеял. Закон причины и следствия (карма) одинаков для всех.

―⚜―

Хоть Бог и всемогущ, Он не нарушает Своих законов и не действует произвольно только лишь потому, что кто-то Ему молится. Он дал человеку самостоятельность, и тот распоряжается ею по своему усмотрению. Если бы Бог простил человеку его недостатки и позволил ему и впредь вести себя неправильно, не сталкиваясь при этом с какими-либо последствиями, это означало бы, что Бог противоречит Самому Себе, что Он игнорирует причинно-следственный закон, применимый к закону действия, и обращается с человеческими жизнями как Ему угодно, а не как того требует сотворенный Им же закон. Ни лести, ни восхвалению не под силу заставить Бога изменить положения Его непреложных законов.

Значит ли это, что мы лишены заступничества милосердного Господа и продолжим влачить жалкое существование как беспомощные жертвы человеческих слабостей? Неужели мы непременно будем пожинать плоды своих ошибочных деяний, словно это предопределено свыше или обусловлено так называемым злым роком? Нет! Господь есть закон, но в то же время Он есть любовь. Тот верующий, который ищет безусловной любви Господа, поклоняясь Ему искренне и с верой и настраивая свои действия в унисон с божественным законом, непременно удостоится очищающего и утешающего прикосновения Господа.

Божественная Сила сама по себе желает вам помочь,

ее даже не нужно об этом просить. И все же вы должны прилагать волю, чтобы взывать к Богу как Его дитя. И вести себя соответственно.

Истинные богоискатели знают: даже если им не удается избавиться от плохих привычек, они все равно могут притянуть к себе Бога, постоянно взывая к Нему и веря, что Он всегда рядом — как в повседневной жизни, так и в моменты молитвы. Они знают, что для Бога нет ничего невозможного и высшее разумение находится за пределами интеллекта. Если богоискатель настойчиво и с любовью испрашивает присутствия и помощи Бога, веря в Его вездесущность, Господь явит Себя тем или иным образом. Рассветные лучи Его откровения рассеют тьму плохих привычек и раскроют непорочную душу.

Не отождествляйте свою бессмертность с человеческими привычками

Если вы глубоко любите Бога, вы можете спрашивать Его о чем угодно. Каждый день я задаю Ему новые вопросы, и Он дает на них ответы. Ни один вопрос Его не смутит, если задавать его искренне. Иногда я даже корю Его за сотворение мира: «Кто будет отрабатывать карму за все то зло, что совершается в этой земной драме? Ты, Создатель, свободен от кармы. Почему же Ты позволяешь страдать нам?» Я думаю, Ему очень грустно за нас. Он желает вернуть нас Домой, но не может этого сделать без нашего участия.

Мы можем исправить последствия наших действий.

Чего вы боитесь? Вы бессмертны. Вы не мужчина и не женщина, как вам может показаться, вы — душа, блаженная и вечная. Не отождествляйте свою бессмертность с человеческими привычками… Даже посреди суровых испытаний говорите: «Душа моя воспряла. Моя сила превозмогать превыше всех моих испытаний, ибо я — дитя Божие».

—⚜—

Не позволяйте никому называть вас грешником. Бог сотворил вас по Своему образу и подобию. Отрицать этот образ — значит совершать величайший грех против себя самого… В пещере тьма может царить тысячи лет; но внесите туда огонь, и тьма рассеется, словно ее никогда и не было. Аналогично этому, какими бы ни были ваши недостатки, они исчезают, как только вы зажигаете в своей жизни свет добродетели.

—⚜—

Когда у меня возникают большие трудности, прежде всего я ищу понимания в самом себе. Я не виню обстоятельства и не стараюсь кого-то исправить. Первым делом я обращаюсь внутрь себя. Я стараюсь очистить свою душу от всего, что препятствует проявлению ее всемогущества и всеведения. Таково правило успешной жизни.

—⚜—

Окутайте себя мыслью о Боге. Его святое Имя — наивысшая сила. Подобно щиту, она отражает все негативные вибрации.

Наши отношения с Богом не безлики

Наши отношения с Богом не безлики, как, например, отношения между работодателем и работником. Мы — Его дети. Он *должен* нас слышать! Не убежать нам от того факта, что мы Его дети. Мы не просто существа, сотворенные Им, мы — часть Его. Он сделал нас принцами, но мы выбрали роль рабов. Он желает, чтобы мы вновь стали принцами и вернулись в свое Царство. Однако ни один человек, отрекшийся от своего божественного наследия, не сможет вернуть его до тех пор, пока не приложит к этому усилий. Мы сотворены по Его образу и подобию, но мы позабыли об этой истине. Мы поддались заблуждению, что мы смертные существа, и теперь нам надлежит пронзить покров этой иллюзии клинком мудрости.

Мировые религии в той или иной степени основаны на *верованиях* человека. Однако истинной основой религии должны быть научные методы, применяя которые, каждый верующий может прийти к нашему Единому Отцу, к Богу. И эта наука — Йога.

Мы снизошли на землю от Бога, и теперь мы должны вернуться к Нему. Нам только кажется, что мы отделились от нашего Отца, и нам нужно лишь сознательно воссоединиться с Ним опять. Йога показывает, как преодолеть эту иллюзорную разлуку и осознать свое единство с Богом. Поэт Мильтон писал о душе человека и о том, как она может обрести потерянный рай. В этом и состоит цель и предназначение Йоги — вернуть потерянный рай знания души, благодаря которому человек может познать, что он всегда был и будет един с Духом.

Живя с Господом в своем сердце, вы излечитесь от иллюзии жизни и смерти, здоровья и болезни. Пребывайте в Господе. Чувствуйте Его любовь. И ничего не бойтесь. Лишь в Божьей крепости мы можем чувствовать себя в полной безопасности. Нет прибежища более надежного, чем Его присутствие. Когда вы с Ним, ничто не может причинить вам вреда.

Пребывайте в крепости Его присутствия... Всегда носите с собой этот портативный рай.

Как правильно молиться

В прошлом вы, возможно, были разочарованы тем, что ваши молитвы оставались без ответа. Но не теряйте веры. Для того чтобы узнать, работают молитвы или нет, вы должны прежде всего верить в силу молитвы.

Ваши молитвы могли оставаться без ответа по той причине, что вы выбрали для себя роль попрошайки. Кроме того, вы должны знать, какие просьбы к Небесному Отцу правомерны, а какие нет. Допустим, вы всей душой молитесь о всемирном господстве; но такая молитва не будет исполнена, ибо все молитвы, связанные с материальной жизнью, ограниченны. Такими они и должны быть. Бог не станет нарушать Свои законы, чтобы потакать чьим-то прихотям. Однако есть верный способ сделать свою молитву действенной.

Мы должны просить настойчиво и с любовью — как Божьи дети, а не как попрошайки. Выпрашивание, пусть даже искреннее, ограничивает душу. Будучи чадами Божиими, мы должны верить, что *владеем* всем, чем владеет наш Отец. Это наше право по рождению. Иисус осознал истину: «Я и Отец — одно», поэтому он обрел ту же власть над мирозданием, какой обладает его Отец. Многие из нас просят и молятся, не уверовав прежде в свое божественное право, вот почему мы ограничены законом крайней нужды. Мы должны не выпрашивать, а *заявлять о своем праве* и *требовать* у нашего Отца то, что, как мы думаем, мы когда-то потеряли.

Пришла пора разрушить ложное вековое представление о том, что мы слабые человеческие существа.

Познайте себя как душу, как дитя Господа

В глубокой медитации вы познаете себя как душу, как дитя Господа, сотворенное по Его образу и подобию.

Вы просто бредите, когда думаете, что вы беспомощный смертный... Каждый день вы должны садиться в тишине и с глубокой убежденностью утверждать: «Нет у меня ни рождения ни смерти, ни матери ни отца; нет касты у меня. Я есть Он — Блаженный Дух. Я есть Нескончаемое Счастье». Если вы будете повторять эти мысли снова и снова, день и ночь, в конце концов вы осознаете, что в реальности являетесь бессмертной душой.

Убеждайте себя

Не раболепствуйте, подобно смертному. Вы — дитя Господа!

Утверждайте, что вы Божье дитя, и проникайтесь словами Иисуса: «Я и Отец — одно».

Наше внутреннее утверждение своей духовной сущности задействует закон исполнения молитвы. Все святые пользовались этим законом. Из глубин собственного опыта Христос дал нам сие замечательное заверение: «Истинно говорю вам, если будете иметь веру и не усомнитесь... если и горе сей скажете: поднимись и ввергнись в море, — будет. И все, чего ни попросите в молитве с верою, полу́чите».

«Я верю в Бога, но почему Он мне не помогает?»

Быть убежденным в существовании Бога и иметь веру в Бога — это две разные вещи. Ваше убеждение не имеет ценности, если вы не проверили его на собственном опыте и не руководствуетесь им в жизни. Убеждение, превращенное в личный опыт, становится верой. Именно поэтому пророк Малахия сказал нам: «Испытайте Меня, говорит Господь Саваоф: не открою ли Я для вас отверстий небесных и не изолью ли на вас благословения до избытка?»

Вера, или интуитивное восприятие истины, живет в душе каждого. Она порождает в человеке надежду и желание преуспевать… Обычный человек практически ничего не знает об интуитивной вере, живущей в его душе. Она являет собой потайной источник всех наших дерзновенных мечтаний.

Вера подразумевает знание и убежденность в том, что мы сотворены по образу и подобию Бога. Когда мы настроены на Его сознание внутри себя, мы способны создавать целые миры. Помните: в вашей воле кроется всемогущая сила Господа. Если вы полны решимости и отказываетесь сдаваться перед лицом неимоверного количества трудностей, вы обнаружите, что Бог отвечает вам.

—⁂—

Веру нужно взрастить — другими словами, открыть в себе. Она там, ее лишь нужно «откопать». Если вы внимательно присмотритесь к своей жизни, вы увидите, какими неисчислимыми путями задействован в ней Бог, и тогда ваша вера укрепится. Не все пытаются разглядеть Его незримую руку. Многим людям ход событий представляется естественным и неизбежным. Они не ведают, какие радикальные изменения могут произойти благодаря молитве!

—⁂—

Вера приносит доказательство Божьего ответа

Бог действительно отвечает вам, когда вы молитесь глубоко и самозабвенно. Иногда в ответ на вашу молитву Он сеет определенную мысль в уме того, кто впоследствии удовлетворяет ваше желание или потребность. В таком случае этот человек служит Божьим инструментом достижения желаемых результатов. Вы не осознаёте, каким чудесным образом работает эта великая сила. Она действует с математической точностью, в ней нет никаких «если». Именно так Библия трактует слово «вера» — как доказательство вещей незримых.

Испытайте свои убеждения на практике

Практика религии находится на такой стадии, что лишь немногие пытаются преобразовать свои духовные убеждения в реальное переживание... Большинство людей удовлетворяются тем, что они прочитали об Истине, так ни разу ее не восприняв.

Когда вы проверяете свои духовные убеждения на практике, перед вами начинает открываться новый мир. Не тешьте себя ложным чувством защищенности, веря, что вы будете спасены просто потому, что ходите в церковь. Вам придется приложить собственное усилие, чтобы познать Бога. Ваш ум может удовлетворяться тем, что вы очень религиозны, однако никакая формальная религия вас не спасет: лишь прямые ответы на молитвы удовлетворят ваше сознание. Какая польза от молитвы, если Бог на нее не отвечает? Да, от Него трудно добиться ответа, тем не менее, это возможно. Чтобы обеспечить себе место в раю, вы должны работать над силой своих молитв до тех пор, пока они не станут действенными.

Проверьте, насколько сильны ваши молитвы

Кто-то может возразить: «Я знаю, что Бог отвечает на мои молитвы, ибо слышу, как Он говорит со мной. Я убедился в том, что Он мне ответил». Но уверены ли вы, что ваши молитвы действительно достигли Бога и Он сознательно ответил на них? Где тому доказательство? Допустим, вы молились об исцелении и выздоровели. Знаете ли вы, что именно привело к вашему исцелению? Произошло ли это по естественным причинам или же благодаря лекарствам, или молитвам (вашим или чужим)? Иногда невозможно проследить причинно-следственную связь между молитвой и выздоровлением. Вы могли бы выздороветь даже в том случае, если бы не молились. Именно поэтому мы должны выяснить, можем ли мы через молитву по-научному задействовать закон причины и следствия. Индийские мудрецы обнаружили, что в Своих ответах Бог руководствуется законом. Те, кто получал от Него ответ, утверждают: каждый, кто следует закону, может убедиться в эффективности такого подхода.

Если бы все ученые собрались вместе и просто молились об изобретениях, смогли бы они что-нибудь изобрести? Нет. Для этого им необходимо применять Божьи законы на практике. Так как же церковь или храм может привести вас к Богу слепой молитвой или ритуалом?

Бога нельзя подкупить дарами, покаянием или каким-то особым ритуалом, ожидая, что Он произвольно изменит Свои законы. Он также не отвечает на слепые молитвы и не действует предубежденно. Его может тронуть только уважение к Его закону и любовь. Любовь есть закон. Если человек закрывает окна своей жизни и не дает Божьим лучам здоровья, силы и мудрости проникнуть в нее, ему предстоит приложить усилия, чтобы вновь открыть эти окна и впустить целительный Свет Господа, который только и ждет, чтобы войти.

Каждый день мы должны размышлять, медитировать, произносить аффирмации, верить и осознавать, что мы Божьи дети. И вести себя подобающе! Осознание этой истины потребует определенного времени, но с самого начала мы должны использовать верный метод, а не делать ставку на ненаучные молитвы в духе попрошайничества: это может закончиться неверием, сомнениями или появлением предубеждений. И только когда дремлющее эго увидит себя не как тело, а как свободную душу, как Божье дитя, живущее в теле и работающее через него, только тогда оно сможет на законном основании востребовать свои божественные права.

ЧАСТЬ

II

Внутренняя концентрация: прелюдия к истинной молитве

Помните:
Бог живет внутри вас

Приучите себя к мысли, что Бог всегда с вами.

—⚎—

Господь кажется таким далеким только потому, что ваше внимание направлено на внешний мир, а не внутрь, на Него. Когда ваш ум блуждает в лабиринте мирских мыслей, терпеливо возвращайте его к мысли о Господе. Он живет внутри вас. Со временем вы обнаружите, что Бог всегда с вами, что Он говорит с вами на вашем языке и Его лик выглядывает из каждого цветка, куста и травинки. Тогда вы скажете: «Я свободен. Я окутан тонкой тканью Духа; между небом и землей я парю на крыльях света». И все ваше существо наполнится великой радостью!

—⚎—

Божественный Дух, благослови нас, дабы в сердцах своих мы говорили только о Тебе. Какие бы слова ни сходили с наших уст, пусть сердца наши произносят лишь имя Твое.

—⚎—

Однажды во время медитации я услышал Его шепот: «Ты говоришь, что Меня здесь нет, но ведь ты даже не вошел внутрь. Оттого и говоришь, что Меня здесь нет. Я всегда здесь. Войди, и ты узришь Меня. Я здесь, и Я всегда готов ко встрече с тобой».

«Когда молишься, войди в комнату твою»

На санскрите слово «вера» звучит очень выразительно — «висвас». Буквально это слово переводится как «легко дышать, доверять, быть свободным от страха», но это не передает его полного значения. Санскритское слово «свас» обозначает движение дыхания, подразумевая тем самым непосредственно жизнь и чувства. «Ви» — «противоположный, лишенный чего-то». Все вместе это означает, что тот, чьи чувства, дыхание и жизненная энергия пребывают в покое, может обрести веру, порожденную интуицией. Беспокойные люди такой верой обладать не могут. Развитие интуитивного спокойствия требует раскрытия внутреннего мира. Когда интуиция достаточно развита, она приносит мгновенное осознание истины. Путь к такому осознанию — медитация.

Медитируйте терпеливо и настойчиво. В нарастающем спокойствии вы сможете войти в сферу интуиции души. Все, кто на протяжении веков достигал просветления, погружались в этот внутренний мир единения с Богом. Иисус говорил: «Ты же, когда молишься, войди в комнату твою и, затворив дверь твою, помолись Отцу твоему, Который втайне; и Отец твой, видящий тайное, воздаст тебе явно». Погружайтесь в свое истинное «Я», закрывая двери чувств и их связи с беспокойным миром, и тогда Бог откроет вам все Свои чудеса и секреты.

Как святые впервые обнаружили Бога

Как искатели истины впервые обнаружили Бога? Прежде всего, они закрыли глаза, чтобы отстраниться от мира и материи и суметь полностью сконцентрироваться на поисках Разума, скрывающегося за ними. Они пришли к выводу, что посредством пяти органов чувств невозможно узреть присутствие Бога в природе. Поэтому поначалу они пытались почувствовать Его внутри себя с помощью углубляющейся концентрации. Со временем они научились отключать все пять органов чувств и временно отстраняться от ощущения материи. Именно тогда им начал открываться внутренний мир Духа. А тем великим богоискателям древней Индии, которые были особо настойчивы в своих внутренних исследованиях, Бог явил Себя. Так святые стали постепенно превращать свое представление о Боге в живое Его восприятие. Именно это должны делать и вы, если хотите познать Его.

Бог говорит тогда, когда замолкаете вы

Ощущения, проходящие по чувствительным нервам, наполняют сознание человека мириадами беспокойных мыслей, именно поэтому ум полностью занят ощущениями. Но глас Господень — это тишина. Только когда мысли замолкают, можно услышать голос Божий, говорящий через тишину интуиции. Именно так выражает Себя Господь. Бог говорит тогда, когда замолкаете вы. Он говорит с вами через вашу интуицию. Верующему, чье сознание внутренне едино с Богом, нет необходимости получать от Него слышимый ответ: его заменяют интуитивные мысли и реальные видения. Для этого не нужно стимулировать органы чувств, требуется лишь сочетание безмолвия верующего и безмолвия Божьего гласа.

Бог всегда с нами, и Он постоянно обращается к нам, но Его тихий голос тонет в шуме наших мыслей; мы же говорим: «Ты любишь меня, но я Тебя не слышу». Он всегда рядом, это мы отдалились от Его сознания.

Несмотря на нашу склонность к чувственным наслаждениям и равнодушие к Нему, Бог продолжает нас любить, и так будет всегда. Чтобы познать это, мы должны «отключить» наши мысли от ощущений и погрузиться во внутреннюю тишину. Заставить свои мысли умолкнуть — значит настроить их на Бога. Так зарождается истинная молитва.

Во время молитвы думайте только о Духе

Когда мы молимся, мы должны прилагать максимум усилий, чтобы сосредоточиться на Боге, а не просто говорить: «Боже, Боже, Боже», позволяя своему уму думать о чем-то другом. Моя тетушка имела обыкновение молиться на четках. Ее пальцы почти всегда были заняты перебиранием четок. Но однажды она подошла ко мне и призналась, что, хотя она молилась на четках в течение сорока лет, Бог так ни разу и не ответил на ее молитвы. И неудивительно! Ее «моление» было не чем иным, как нервной физической привычкой. Когда вы молитесь, не думайте ни о чем, кроме Духа.

Механическое повторение молитвы-воззвания или аффирмаций, не сопровождаемое спонтанным чувством любви и вдохновенной верой, делает человека «молящимся граммофоном», который не понимает смысла «проигрываемой» им молитвы. Машинальное воспроизведение молитвы с рассеянным умом не принесет Божьего ответа. Механическое повторение — упоминание имени Бога всуе — бесплодно. Многократное же мысленное или вербальное повторение воззвания или молитвы с углубляющейся концентрацией и преданностью одухотворяет молитву и превращает сознательное, исполненное веры повторение в духовное переживание на уровне сверхсознания.

Какая молитва быстрее всего привлечет Божественного Возлюбленного?

Преподнесите Богу драгоценные камни молитвы, спрятанные в глубинах вашего сердца.

Когда человек встречает того, кого любит, он должен говорить словами, исходящими из сердца, а не словами из книги. Если же при обращении к Богу человек использует слова любви другого, он должен прежде вникнуть в их суть и сделать их частью собственного восприятия, а потом уже произносить их сосредоточенно и с любовью — совсем как пылкий юноша, который в обращении к своей возлюбленной использует слова великого поэта и одухотворяет их собственным чувством.

Возлюби Господа Бога всем сердцем твоим…

Две наивысшие заповеди, данные человеку, гласят: «Возлюби Господа Бога твоего всем сердцем твоим, и всею душею твоею, и всем разумением твоим, и всею крепостию твоею» и «Возлюби ближнего твоего, как самого себя». Если вы будете следовать этим заповедям, все в вашей жизни будет происходить должным образом и в должное время. Недостаточно быть строгим моралистом: камни и козы не нарушают законы нравственности, однако Бога они не знают. Если же вы глубоко любите Бога, тогда, будь вы даже самым большим грешником, вам будет даровано преображение и спасение. Великая святая Мирабай сказала: «Чтобы найти Бога, нужна лишь только любовь». Эта истина глубоко тронула меня.

Все пророки следуют этим заветам. Возлюбить Бога всем сердцем — значит полюбить Его так, как вы любите самого дорогого вам человека; так, как мать и отец любят своего ребенка; так, как любят друг друга влюбленные. Любите Бога именно такой любовью — абсолютной. Возлюбить Бога всей душой — значит полюбить Его истинно, а к этому можно прийти только через глубокую медитацию, познав себя как душу, дитя Господа, сотворенное по Его образу и подобию.

Возлюбить Бога всем своим разумением — значит удерживать в молитве все свое внимание только на Нем, не отвлекаясь на беспокойные мысли. Во время медитации думайте лишь о Боге, не позволяйте уму блуждать и думать о чем угодно, но только не о Господе. Вот почему йога так важна: она учит вас концентрации. Выводя беспокойную жизненную энергию из чувствительных нервов и углубляясь в мысль о Боге посредством методов йоги, вы обретаете способность любить Бога всем своим разумением. Все ваше существо сосредотачивается на Нем.

А что, если человек не чувствует любви к Богу?

Сидение в тишине в попытке почувствовать преданную любовь к Богу зачастую никуда не ведёт. Поэтому я обучаю научным техникам медитации. Практикуйте их, и тогда вы сумеете отключить свой ум от ощущений, которые вас отвлекают и порождают нескончаемый поток мыслей. Когда человек практикует *Крийя-йогу**, его сознание начинает функционировать на более высоком уровне, и тогда преданная любовь к Бесконечному Духу становится естественным выражением его сердца.

---

* Эта продвинутая наука постижения Бога, зародившаяся в Индии несколько тысячелетий назад, представлена в Уроках SRF (*Self-Realization Fellowship Lessons*), составленных Парамахансой Йоганандой. — Прим. изд.

Где кончается движение, там начинается восприятие Бога

Учитесь пребывать в состоянии покоя — как физически, так и умственно, — ибо где кончается движение, там начинается восприятие Бога.

Проблемы с медитацией у вас возникают оттого, что вы недостаточно упорны в достижении результата. Именно поэтому вы еще не знаете, что такое сила сконцентрированного ума. Если налить в стакан мутную воду и не трогать его какое-то время, грязь осядет на дно и вода станет прозрачной. Когда вы медитируете и «грязь» ваших беспокойных мыслей оседает, в чистых водах вашего сознания начинает отражаться сила Господа.

Отражение луны нельзя четко увидеть в подернутой рябью воде; но когда поверхность воды спокойна, луна в ней отражается как в зеркале. Так же и с умом. Когда вы спокойны, вы можете ясно видеть лунное лицо своей души. Будучи душой, мы являемся отражением

Бога. Когда с помощью техник медитации мы очищаем озеро своего ума от всех беспокойных мыслей, мы зрим свою душу — совершенное отражение Духа — и осознаем, что душа и Бог — Единое Целое.

Научитесь «транслировать» свои молитвы и получать ответы от Бога

Подобно тому как сломанный микрофон не может передавать звуковые сигналы, так и беспокойный ум не может «транслировать» молитвы Богу.

Почините свой мысленный микрофон, правильно практикуя техники медитации. Когда вы спокойны, ваш мысленный микрофон исправен; именно в такие моменты надо транслировать свое главное молитвенное воззвание: «Отец Небесный, помоги мне вновь постичь, что Ты и я — одно». Проговаривайте — сначала вслух, затем шепотом и, наконец, мысленно — следующую аффирмацию: «Отец Небесный, Ты и я — одно».

Не сдавайтесь, если двух или трех попыток оказалось недостаточно, чтобы получить от Бога ответ. Как вы можете получить ответ, если зовете кого-то через микрофон, а потом сразу убегаете? Поэтому не останавливайтесь после одной или двух мысленных трансляций, продолжайте прилагать пылкое сознательное усилие и мысленно говорить с Богом — искренне, от всего сердца, с нарастающей жаждой.

Молитесь с умом и пылом души — и не вслух, а мысленно, не показывая никому, что происходит у вас внутри. Молитесь страстно, зная, что Бог слышит каждое слово, исходящее из вашего сердца.

Если после многократных попыток вы все еще не видите Бога и Он не «постучался» в ваше сердце, не падайте духом. В течение долгого времени вы убегали от Него, прячась в болотных зарослях телесных ощущений. Шум и гам ваших бурных страстей и тяжелая поступь ваших шагов в мире материи не давали вам услышать Его зов внутри вас. Остановитесь. Успокойтесь. Молитесь усердно, и тогда во внутренней тишине проявится Божье Присутствие.

Если вы чувствуете в своем сердце и во всем теле всплеск ликующей радости, которая нарастает даже после медитации, это означает, что вы получили прямое доказательство того, что Бог ответил вам по «радиоприемнику» вашего сердца, настроенному на преданную любовь. Сердце как центр чувств и ум как центр рассудка должны быть предельно сосредоточенны, чтобы ваше мысленное «радиосообщение» достигло Бога и вы получили от Него ответ.

Чем дольше и глубже вы будете медитировать и молиться, тем более отчетливо вы станете чувствовать и осознавать нарастающую радость в своем сердце. Тогда у вас не останется сомнений, что Бог есть и что Он — вечно существующая, вечно сознательная, вездесущая и всегда новая радость. Тогда вы скажете Ему: «Отец, сейчас, сегодня, все дни грядущие, каждое мгновение, во сне и наяву, в жизни и смерти, в этом мире и за его пределами — пребывай со мной как Радость сердца моего, сознательно отвечающая мне».

А после молитвы испрашивайте то, в чем вы нуждаетесь в данный момент, будь то исцеление, процветание или иная потребность, подсказанная вам распознавательной силой вашей мудрости.

Молитесь до тех пор, пока Он не ответит вам безграничной ликующей радостью, отзывающейся в каждой клеточке вашего тела и в каждой вашей мысли, или же зримыми образами, демонстрирующими вам, *что* вам надлежит делать дальше. Молитесь непрестанно, пока окончательно не убедитесь в реальности божественного контакта, а затем испрашивайте у Всевышнего то, что вам причитается в физическом, умственном и духовном плане как Его чаду.

ЧАСТЬ

III

О чем можно просить в молитве

Какая молитва — лучшая?

Обратитесь к Господу: «Скажи мне, пожалуйста, какова воля Твоя?» Не говорите Ему: «Я хочу это, я хочу то». Верьте, что Ему ведомы ваши нужды, и тогда вы поймёте: вам приходит гораздо большее благо, когда Он выбирает за вас.

Честно оцените, правомерна ли ваша молитва. Не просите Бога о том, что не согласуется с естественным порядком вещей. Просите только о том, что вам действительно необходимо. И уясните различие между «нужной необходимостью» и «ненужной необходимостью». Не желайте того, что вам не нужно, — только того, что реально необходимо. Ваша самая большая необходимость — это Бог. Он даст вам не только «нужное необходимое», но и «ненужное необходимое». Когда вы обретёте единство с Богом, Он удовлетворит каждое ваше желание. Ваши самые дерзновенные мечты исполнятся.

Какие вещи можно назвать необходимыми? Те, что помогут вам добиться вашей основной цели. Если вам чего-то хочется, а *необходимости* в этой вещи нет, она может лишь увести вас от вашей цели. Успех достигается только тогда, когда все действия направлены на достижение главной цели. Спросите себя, действительно ли можно назвать успехом достижение той цели, которую вы для себя избрали? И вообще, что такое успех? Если вы здоровы и богаты, но при этом не ладите с людьми или с самим собой, вашу жизнь нельзя назвать успешной. Существование становится бесполезным, если вы не находите в нем счастья. Если вы утратили свое состояние, вы потеряли не так уж и много; если вы утратили свое здоровье, вы потеряли уже больше; если же вы утратили свой душевный покой, вы потеряли самое дорогое сокровище.

Чем больше вы сосредотачиваетесь на внешнем, тем менее счастливым становитесь

Мул, везущий на спине мешок с золотом, не знает цену своей поклажи. Аналогично этому, человек так занят перевозкой своей жизненной ноши в надежде найти счастье в конце пути, что даже не осознает, что уже носит в себе высшее, вечное блаженство души. Поскольку он ищет счастья вовне, он не ведает, каким богатством обладает внутри.

Бога не нужно «зарабатывать»

Предметы комфорта со временем становятся бременем. Они уже не приносят удовольствия, потому что вы обнаруживаете, что за ними нужно всячески ухаживать. Таким образом, вам приходится «платить» за все приобретения — за все, кроме Божьей благодати. А чтобы обрести эту благодать, вам нужно лишь сидеть в тишине и просить своего Небесного Отца. Если бы я думал, что Бога нужно «зарабатывать», я бы даже не брался за это. Я Его сын, и я имею право познать Его. Если вы испросите это право у Небесного Отца, Он вам его даст. Он приходит к тем, кто страстно жаждет Его. Он хочет этого.

«Обеспечь меня согласно Своей воле»

Нет ничего плохого в том, чтобы говорить Богу о своих нуждах. Но вы проявите истинную веру, если просто скажете: «Отец Небесный, я знаю, что Тебе ведомы наперед все мои нужды. Обеспечь меня согласно Своей воле».

Если человек жаждет, к примеру, машину и молится об этом достаточно усердно, он ее получит. Но не исключено, что другой вариант развития событий будет для него лучше. Иногда Господь отвергает наши скромные прошения, намереваясь одарить нас чем-то бо́льшим. Больше доверяйте Богу. Верьте: Кто вас сотворил, Тот вас и обеспечит.

Иногда ваши страстные молитвы и желания становятся вашими злейшими врагами. Это факт. Будьте искренни и честны в общении с Богом, и позвольте Ему решать, что для вас лучше. Если вы восприимчивы, Он вас направит и будет работать с вами. Даже если вам случится сделать ошибку, не бойтесь. Имейте веру. Знайте, что Бог с вами. Во всем полагайтесь на эту Силу. Она никогда вас не подведет.

Испрашивайте руководства у Бога

Испрашивать у Бога руководства нужно после того, как вы погрузились в медитацию и почувствовали внутреннюю радость и покой, то есть установили контакт с Богом. И если вы считаете, что в чем-то нуждаетесь, скажите об этом Богу и спросите, можете ли вы получить то, чего желаете. Если внутренне вы чувствуете, что ваше желание правомерно, молитесь: «Господи, Ты знаешь о моей нужде. Я буду размышлять, применять творческое мышление и делать все, что необходимо. У Тебя я прошу лишь одного: направляй мою волю и творческие способности, чтобы я все сделал правильно».

Ищите Его руководства внутри себя

Обратитесь к Богу. Молитесь и взывайте к Нему, пока Он не покажет вам, как работают Его законы и не станет направлять вас. Помните: вместо того чтобы порождать миллионы умозаключений, лучше просто сесть в тишине и медитировать на Бога до тех пор, пока у вас не появится внутреннее чувство покоя. После этого скажите Ему: «Господи, я не смогу решить свою проблему в одиночку, даже если переберу в уме тысячи разных вариантов. Я смогу справиться с ней, лишь если вручу ее Тебе и попрошу о Твоем водительстве. Веди меня, пока я ищу способы ее решения». Бог помогает тем, кто помогает самому себе. Если после молитвы, вознесенной к Богу в медитации, ваш ум спокоен и исполнен веры, вы сможете увидеть различные варианты решения проблемы, и, поскольку ваш ум спокоен, сможете выбрать наилучший из них. Следуйте ему, и вы добьетесь успеха. Вот так наука религии применяется в повседневной жизни.

«Ищите же прежде Царства Божия, и это все приложится вам»

Большинство людей полагает, что в первую очередь нужно стремиться к процветанию и материальному благополучию, а потом уже можно и о Боге подумать. Однако такое промедление лишь ввергает человека в круг нескончаемой неудовлетворенности. Прежде всего нужно найти Бога. Именно Он — ваша крайняя необходимость, ибо Он являет Собой источник вечного счастья и защищенности. Если вы хотя бы раз почувствуете Его присутствие, вы познаете, что такое истинное счастье. Установив с Ним реальный контакт, вы осознаете: когда вы с Ним, весь мир у ваших ног. Бог ваш кормилец. Он всегда должен быть с вами.

Если вы думаете о Боге в глубочайшей медитации, если вы любите Его всем сердцем и ощущаете в Его присутствии абсолютную безмятежность и отсутствие желаний, тогда верховный магнетизм Бога притянет к вам все, о чем вы когда-либо мечтали, и даже намного больше. Во всех сферах своей жизни я продемонстрировал такую истину: если вы любите Бога просто за то, что Он есть, а не потому, что Он может вам что-то дать, и если вы всецело поглощены Его Божественным магнетизмом, тогда ваше сердце и ум будут излучать Его силу и ваши желания будут исполняться при малейшем вашем хотении. Если вы любите Бога безусловно, окружающие вас люди станут инструментами исполнения ваших желаний — даже безмолвных, — ибо Он будет вкладывать в их умы нужные мысли.

Каждая произнесенная вами молитва по сути есть желание; но когда вы найдете Бога, все ваши желания исчезнут и необходимость молиться отпадет. Я не молюсь. Да, это может показаться странным, но, когда Объект ваших молитв всегда с вами, молиться уже больше не нужно. Вечная радость кроется в исполнении желания быть с Ним.

Я уверенно заявляю: я получил ответы на все свои вопросы — и не от людей, а от Бога. Он *есть*. Он *есть*. Это Его Дух говорит с вами через меня. Именно о Его любви я вам рассказываю. Трепет сменяется трепетом! Его любовь, как ласковый ветерок, обволакивает душу, и это чувство растет день ото дня, неделя за неделей, год за годом — и нет этому конца. Это как раз то, чего вы ищете — каждый из вас. Вы думаете, что вам хочется человеческой любви и материального благополучия, но за этими позывами скрывается зов вашего Отца. Вы найдете Его, если осознаете, что Он есть нечто большее, чем все Его дары.

ЧАСТЬ

IV

Выберите определённый концепт Бога

Правильный метод приносит результаты с научной точностью

Точное знание о том, как и когда молиться согласно природе своих потребностей, приносит желаемые результаты. Когда применяется правильный метод, он задействует Божественные законы. Действие этих законов приносит результаты с научной точностью.

Прежде всего, вы должны четко представлять себе Бога, вы должны выбрать конкретный образ, который поможет вам установить с Ним реальные отношения; далее вам надлежит медитировать и молиться до тех пор, пока ваше мысленное представление о Боге не станет живым Его восприятием.

Что есть Бог?

Бог есть Вечное Блаженство. Его сущность — любовь, мудрость и радость. Он и личный, и безличный, и Он проявляет Себя, как Ему угодно. Святым Он являет Себя в той форме, которая близка каждому из них: христианин видит Христа, индуист зрит Кришну или Божественную Мать и так далее. Те, чьё поклонение имеет безличную форму, воспринимают Бога как негасимый Свет или чудный звук Аум, изначальное Слово, Святой Дух. Самое возвышенное переживание, через которое может пройти человек, — это ощущение того блаженства, что несёт в себе каждый аспект Божественности: любовь, мудрость, бессмертие. Но как я могу передать сущность Бога в словах? Он неописуем и невыразим. Только в глубокой медитации вы можете познать Его уникальное естество.

Многим людям не нравится идея поклонения личностному аспекту Бога: они чувствуют, что антропоморфное представление о Боге ограничивает. Они считают Его Безличным Духом, Вседержителем, Разумной Силой, ответственной за мироздание.

Но если наш Создатель безличен, как же так получилось, что Он сотворил людей? Мы личности, мы наделены индивидуальностью. Мы думаем, чувствуем, желаем, и Бог дал нам способность не просто понимать мысли и чувства других, но и откликаться на них. Господь не лишен духа взаимности, который одушевляет и Его творения. Отец наш Небесный может установить с нами личные отношения — Он на это способен, — нам нужно лишь позволить Ему это сделать.

Если вы исполнитесь решимости, вы узрите Его сегодня же

В каждую свободную минуту глубоко погружайтесь в бесконечную мысль о Нем. Говорите с Ним по душам. Он ближе всех, роднее всех. Любите Его, как скупец любит деньги, как пылкий юноша любит свою возлюбленную, как утопающий любит воздух. Когда вы затоскуете по Нему всем сердцем и душой, Он придет к вам.

Прошлым летом я посетил христианский монастырь и повстречался там с одним из священников. Это прекрасная душа. Я спросил его, как долго он уже на монашеском пути.

— Около двадцати пяти лет, — ответил он. Потом я спросил:

— А вы видите Христа?

— О, я этого не заслуживаю, — сказал он. — Быть может, после смерти он придет ко мне.

— Нет, — уверил я его, — если вы исполнитесь решимости, вы узрите Его сегодня же.

В его глазах стояли слёзы, он был безмолвен.

Вы должны молиться настойчиво. Если вы ночь за ночью будете медитировать и взывать к Богу, однажды тьма рассеется, и вы узрите Свет, скрывающийся за физическим светом, Жизнь, питающую всю жизнь, Отца, стоящего за всеми отцами, Мать, стоящую за всеми матерями, Друга, стоящего за всеми друзьями, Стихию, стоящую за всеми стихиями, Силу, стоящую за всеми силами.

ЧАСТЬ

V

Молитесь, прилагая динамическую силу воли

Воля — составная часть правильной молитвы

Ленивые люди думают, что Бог должен исполнять их желания просто потому, что они Ему молятся. Однако им необходимо прилагать силу воли — настраивать свою волю в унисон с божественной волей. Когда вы устремляетесь к определенной цели, беспрестанно задействуя свою волю, та обретает динамическую силу. Именно такой силой воли обладал Иисус и все другие великие сыны Божии.

Многие говорят, что мы не должны проявлять волю и изменять обстоятельства, иначе это будет прямым вмешательством в Божий план. Для чего же тогда Бог дал нам силу воли? Как-то раз я встретил одного фанатика, который сказал, что он не видит пользы от проявления силы воли, потому что это лишь укрепляет эго. Я ему ответил: «В этот самый момент вы прилагаете волевое усилие, чтобы противостоять мне. Вы используете волю, когда говорите, стоите, ходите, принимаете пищу, посещаете кино и даже ложитесь спать. Вы проявляете волю во всех своих занятиях. Без силы воли вы были бы механическим человеком». Когда Иисус сказал: «Не Моя воля, но Твоя да будет», он имел в виду не отказ от проявления силы воли. Он говорил о том, что человек должен научиться настраивать свою волю, управляемую желаниями, на волю Бога. Если вы молитесь правильно и настойчиво, вы проявляете волю.

Неугасимый мысленный шепот развивает динамическую силу достижения целей

Замечали ли вы, что, когда вы чего-то очень сильно хотите — например, сходить на концерт или купить платье или машину мечты, — ваш ум постоянно занят мыслью о том, как бы это сделать? Пока вы не удовлетворите свое неотступное желание, ваш ум не успокоится: он будет неустанно работать над осуществлением задуманного...

Мысленный шепот развивает динамическую силу, которая преобразует материю в объект вашего желания. Вы даже не представляете, как велика сила ума! Когда ваш ум и воля настроены в унисон с Божественной волей, вам и пальцем шевелить не нужно, чтобы производить изменения на земле: божественный закон работает на вас. Все заметные свершения в моей жизни стали возможны благодаря силе ума, сонастроенного с Божьей волей. Когда работает эта божественная динамо-машина, все мои желания исполняются.

Продолжайте прилагать силу воли и использовать позитивные аффирмации, пока не заставите свою мысль работать на вас. Мысль — это матрица Вселенной, мысль породила все сущее. Если вы будете придерживаться этой истины с неослабной волей, вы сможете материализовать любую мысль. Ничто не сможет помешать этому. Именно сила мысли позволила Христу воссоздать свое распятое тело, и именно это он имел в виду, когда сказал: «Потому говорю вам: всё, чего ни будете просить в молитве, верьте, что получите, — и будет вам».

В уединенности сконцентрированной мысли располагается тайная мастерская всех достижений. Помните об этом. В этой мастерской куйте свою волевую целеустремленность, дабы преодолеть все препятствия на пути к успеху. Непрестанно тренируйте свою волю. Если вы не растрачиваете свое время впустую, у вас будет возможность работать в этой мастерской и днем, и ночью. С наступлением ночи я оставляю все мирские заботы и уединяюсь. Я отчуждаюсь от мира, он становится для меня пустым местом. Наедине со своей силой воли я направляю свои мысли в нужное русло до тех пор, пока точно не определю в уме, чего я желаю добиться и как я это сделаю. Затем я прилагаю силу воли для свершения задуманного, и это порождает успех. Так я использовал свою силу воли много раз.

Когда уходят все «не могу», приходит божественная сила

Вы должны верить в осуществимость того, о чем вы молитесь. Если вы хотите дом, а ваш ум говорит: «Что за глупости! Тебе же это не по карману», вы должны усилить волю, чтобы добиться этого. Когда все «не могу» исчезнут из вашего сознания, тогда придет Божественная сила. Дом не упадет вам с небес, вы должны будете безостановочно прилагать силу воли, выполняя конструктивные действия. Если вы настойчивы и отказываетесь признавать неудачу, объект вашего желания обязан материализоваться. Если вы постоянно направляете свои мысли и действия усилием воли, желаемому надлежит осуществиться. Даже если в мире нет абсолютно никаких условий для исполнения вашего желания, при упорном проявлении силы воли желаемый результат каким-то образом проявится. В такой воле кроется ответ Самого Бога, ибо воля происходит от Бога, а несгибаемая воля есть божественная воля. Слабая воля — это смертная воля: если испытания и неудачи сломили ее, она теряет связь с «динамомашиной» Бесконечности. Но за человеческой волей стоит божественная воля, которая не может быть сломлена. Даже смерть не в силах сдержать божественную волю. Господь обязательно ответит на молитву, за которой стоит несгибаемая воля.

«Если и горе сей скажете: поднимись и ввергнись в море, — будет»

Приняв твердое решение сделать что-то праведное, вы добьетесь своего, если задействуете для достижения своей цели динамическую силу воли. Какими бы ни были внешние обстоятельства, продолжайте прилагать усилия, и тогда Бог создаст все условия для воплощения задуманного. Именно об этой истине Иисус говорил: «Если будете иметь веру и не усомнитесь... если и горе сей скажете: поднимись и ввергнись в море, — будет».

Почитайте жития святых, и вы увидите, что Господь не посылает им легких путей. Он посылает им сплошные трудности! У святого Франциска было больше несчастий, чем можно себе представить, но он не сдавался. Одно за другим он преодолел все препятствия силой своего ума и стал един с Владыкой Вселенной. Почему бы и вам не обрести такую решимость?

Как развить силу воли

Каждый день беритесь за какую-нибудь трудную для вас задачу и старайтесь ее выполнить. Даже если вы потерпите неудачу пять раз, не прекращайте своих попыток. Как только вы добьетесь успеха, направляйте свою сконцентрированную волю на что-нибудь другое. Так вы постепенно научитесь выполнять все более сложные задачи. Воля — орудие Божьего образа внутри вас. В воле кроется безграничная сила Бога, сила, господствующая над силами природы. Поскольку вы сотворены по Его образу и подобию, эта сила способна исполнить все ваши желания: вы можете сами сотворить себе благоприятные обстоятельства, вы можете преобразовать ненависть в любовь. Молитесь до тех пор, пока тело и ум не подчинятся вам полностью, и тогда вы получите ответ от Господа.

Относитесь к Богу со всей серьезностью

Многие люди говорят, что хотят исцелиться и что верят в Божественное исцеление, но при этом они не выходят за рамки пожеланий. Они молятся с неверием в сердце, думая, что Бог не обращает внимания на их молитвы, или же попросту не дожидаются Его ответа.

Немного поговорить с Богом, а потом забыть об этом — значит исключить возможность Его ответа. Бог «труднодоступен» по той причине, что не каждый человек относится к Нему с должной серьезностью. Моление зачастую не приносит результатов потому, что молитвы большинства людей недостаточно глубоки и искренни.

Взывайте до тех пор, пока Божественная Мать не явит вам Себя

Самая действенная молитва — это та, в которой ваша душа пылает жаждой по Богу. Не сомневаюсь, что вы уже так когда-то молились. Например, когда вы чего-то очень сильно хотели или вам срочно нужны были деньги. Тогда своим желанием вы «прожигали эфир». Именно такое чувство вы должны испытывать по отношению к Богу.

Если вы знаете, что дело правое, почему бы не идти до конца? Почему бы вам не взывать к Богу до тех пор, пока небеса не разверзнутся от ваших молитв?.. Помните: неугомонный ребенок непременно обратит на себя внимание матери. Малыша, который удовлетворяется игрушками, успокоить легко; упрямый же ребенок будет плакать до тех пор, пока к нему не придет мать, ибо на меньшее он не согласен.

Зовите Божественную Мать всей душой

«Взывай к Матери всей душой — и Она появится перед тобой». Закройте глаза, подумайте о Боге и воззовите к Божественной Матери всей душой. Вы можете делать это в любое время и в любом месте. Чем бы вы ни занимались, внутренне вы всегда можете говорить Богу: «О Господь, я неустанно ищу Тебя. Мне нужен лишь Ты. Я жажду быть с Тобой неотлучно. Ты сотворил меня по Своему образу и подобию, и мой дом — в Тебе. Ты не имеешь права держать меня на расстоянии. Быть может, поддавшись иллюзии Твоего космического спектакля, я сделал что-то неправильно, но я знаю, что Ты — моя Мать, мой Отец, мой Друг — простишь меня и примешь меня обратно. Я хочу Домой. Я хочу к Тебе».

Каждую ночь неустанно молитесь Богу в медитации. Пробивайте стену молчания своей тоской по Нему. Плачьте по Богу так, словно плачете по матери или отцу: «Где же Ты? Это Ты сотворил меня. Ты дал мне разум, чтобы я мог искать Тебя. Ты — в цветах, в луне, в звездах. Почему Ты прячешься от меня? Приди ко мне! Ты должен прийти! Ты должен!» Раз за разом срывайте покровы тишины всей концентрацией своего ума, всей любовью своего сердца. Взбивая молоко, вы получаете масло, а «взбивая» эфир преданной любовью, вы получите Бога.

Просите всем сердцем, снова и снова

Не успокаивайтесь, пока Он вам не ответит. Просите всем сердцем, снова и снова: «Яви Себя! Яви Себя! Даже если звезды рассыплются на мелкие кусочки, даже если земля растворится в пространстве, душа моя продолжит взывать: „Яви Себя!"». Непрекращающаяся барабанная дробь ваших молитв нарушит Его молчание. В конце концов Он явит Себя словно незримое землетрясение, и сделает это в самый неожиданный момент. Стены молчания, сковывающие резервуар вашего сознания, содрогнутся и обрушатся, и вы почувствуете себя рекой, впадающей в Могучий Океан. Тогда вы скажете Ему: «Теперь я с Тобою един, и все, что есть у Тебя, принадлежит и мне».

ЧАСТЬ

VI

Возродите свое внутреннее святилище

В безмятежности души

Если Бог не отвечает на ваши молитвы, то только лишь потому, что вы не искренни. Если вы воздаете Небесному Отцу сухие подобия молитв, то не стоит даже и надеяться, что они привлекут Его внимание. Ваша молитва достигнет Бога, если вы настойчивы, непреклонны и глубоко искренни. Очистите свой ум от всего негатива — от страха, беспокойства и гневливости, а затем наполните его добрыми, светлыми мыслями и радостным ожиданием. В святилище вашего сердца должна царить лишь одна сила, одна радость и один покой — Бог.

Бог, в Своем безграничном милосердии, дарует нам Свою радость, Свое вдохновение, истинную жизнь, истинную мудрость, истинное счастье и истинное понимание, и все это — через многообразные жизненные переживания. Блаженство же Бога проявляется только в безмятежности души...

Чем больше вы будете сосредотачиваться на внешнем мире, тем меньше у вас будет шансов познать внутри себя величие нескончаемой радости Духа. Чем больше вы будете сосредотачиваться на внутреннем мире, тем меньше у вас будет трудностей во внешнем.

Всего одна мысль способна стать вашим искупителем. Вы даже не представляете, как эффективно работают ваши мысли в эфире.

Каждая наша мысль порождает едва уловимую вибрацию... Если внутри себя вы беспрестанно говорите: «Боже! Боже! Боже!», это порождает вибрацию, привлекающую присутствие Бога.

Пропитывайтесь мыслью о Боге. Осознайте, что Он — средоточие всего сущего.

Его невозможно подкупить, но Его легко тронуть своей искренностью, настойчивостью, сосредоточенностью, преданностью, решимостью и верой.

Никогда не сомневайтесь

Никогда не сомневайтесь в том, что Он вам ответит. Большинство людей не получают ответа именно из-за своего неверия. Если вы абсолютно убеждены, что достигнете своей цели, ничто вас не остановит. Если же вы сдались, вы сами подписали себе приговор. Успешный человек не знает слова «невозможно».

Молитесь с верой и терпением

Допустим, вам нужно погасить ипотеку, а платить нечем, или же вы хотите получить определенную работу. В тишине, приходящей после глубокой медитации, сосредоточьтесь на своей просьбе, проявляя несгибаемую волю. Не думайте о результате. Если вы посадили семя, а потом постоянно разгребаете лунку, чтобы посмотреть, проросло оно или нет, оно никогда не взойдет. Аналогично этому, если в каждой своей молитве вы пытаетесь проверить, исполняет ли Господь ваше желание, ничего не произойдет. Никогда не испытывайте Бога. Просто неустанно молитесь. Ваша задача — донести свою просьбу до Бога и всеми силами помочь Ему исполнить ваше желание. Например, если у вас есть хроническое заболевание, прилагайте все необходимые усилия для излечения, но при этом помните, что в конечном счете помочь может только Бог. Каждую ночь берите эту мысль с собой в медитацию, молитесь со всей решимостью, и в один прекрасный день вы обнаружите, что болезни больше нет.

Посадив семя-просьбу в почву веры, не разгребайте лунку каждый день, чтобы посмотреть, проросло ли оно, иначе оно никогда не взойдет. Проявляйте веру и регулярно поливайте семя-просьбу своими ежедневными молитвенными воззваниями. Ни в коем случае не падайте духом, если не видите скорых результатов. Будьте непреклонны в своих требованиях, и вы вернете себе утерянное божественное наследие. Тогда и только тогда Великая Удовлетворенность посетит ваше сердце. Требуйте до тех пор, пока не отстоите свои божественные права. Неустанно требуйте то, что по праву принадлежит вам, и ваши усилия увенчаются успехом.

Даже истинные богоискатели иногда думают, что Бог не отвечает на их молитвы. Но Он отвечает безмолвно, задействуя Свои законы. Он не будет отвечать открыто и говорить с верующим, пока полностью не удостоверится в серьезности его намерений. Повелитель Вселенных настолько кроток, что предпочитает хранить молчание, дабы богоискатель, использовав свободу выбора, сам решил, принять Его или же отвергнуть. Однажды познав Его, вы непременно Его полюбите. Кто же может устоять перед Тем, перед Кем невозможно устоять? Но чтобы познать Его, вы должны доказать Ему, что ваша любовь безусловна. Вы должны обладать верой. Вы должны *знать*, что, когда вы молитесь, Он слышит вас. Тогда Он явит вам Себя.

В глубинах внутренней тишины вы найдете источник мудрости

Только тот, чей ум никогда не сдается, находит Бога в храме своего сердца. С какими бы препятствиями вы ни сталкивались, у вас всегда есть возможность говорить с Богом в потайном святилище своего сердца, и вы всегда можете любить Его всем сердцем. Как только выдается свободная минутка между делами, уединяйтесь в гроте внутренней тишины. Посреди людских толп вы эту тишину не обретете. Находите время на уединение, и в глубинах своей внутренней тишины вы найдете источник мудрости.

Найдите прибежище во внутреннем храме тишины

Каждую ночь перед сном пребывайте в тишине и покое хотя бы в течение получаса, а желательно гораздо дольше. Практикуйте это и по утрам, перед тем как приступить к повседневным делам. Благодаря этому вы обретете нерушимую привычку ощущать внутреннюю радость, которая поможет вам справиться со всеми испытаниями повседневной жизни. С этой неизменной радостью внутри приступайте к исполнению своих обязанностей.

Где ваш ум, там вы и проводите свое время.

Когда вас преследуют химеры тревог, болезни и смерти, ваше единственное прибежище — внутренний храм тишины. Глубоко духовный человек день и ночь живет в покое внутренней тишины, которую не могут нарушить ни надвигающаяся опасность, ни крушение миров...

Какую великую радость вам предстоит открыть в той тишине, которая царствует за вратами вашего ума! Эту радость невозможно описать словами. Но прежде вам нужно проявить настойчивость, вам нужно медитировать и самостоятельно создавать эту среду. Те, кто глубоко медитирует, ощущают дивный внутренний покой. Этот покой нужно удерживать в себе, даже находясь среди людей. То, что вы обретаете в медитации, следует проявлять в своих словах и поступках. Никому не позволяйте «выбить» вас из состояния покоя. Укоренитесь в своем покое... Во внутреннем храме тишины познайте Бога своей пробужденной интуицией.

Бог живет в сердце и душе каждого человека. Когда вы откроете внутри себя потайной храм тишины, вы сможете читать книгу жизни своей всеведущей интуицией. Тогда и только тогда вы войдете в контакт с Богом. Вы почувствуете Его как саму суть вашего существа. Без этого чувства в сердце ответ на молитву получить невозможно. Вы можете привлечь к себе все, что заслужили своими благими поступками и хорошей кармой, но чтобы получить сознательный ответ от Бога, нужно прежде обрести с Ним сонастроенность.

Погрузитесь в Божий покой

Всем сердцем мысленно молитесь Богу. Взывайте к Нему в своем храме тишины и, погружаясь в медитацию все глубже и глубже, найдите Его в храме экстатического блаженства. Взывайте к Нему с мыслью о том, что Он уже здесь с вами. Посылайте Богу любовь всем своим сердцем, всем своим умом, всей своей душой и всей своей крепостью. Интуицией души почувствуйте, как Бог начинает проявлять Себя; из-за туч беспокойства Он пробивается к вам как великая радость и покой. Радость и покой — это глас Божий, так долго дремавший за завесой вашего неведения, будучи забытым и заглушенным трезвоном человеческих страстей.

Царство Божие совсем рядом — за темнотой закрытых глаз, и первые врата, ведущие к нему, — это ваш покой. Выдохните, расслабьтесь и почувствуйте, как этот покой заполняет собой все — как внутри, так и вовне. Погрузитесь в этот покой.

Сделайте глубокий вдох. Выдохните. Теперь забудьте о дыхании. Повторяйте за мной: «Отец Небесный, один за другим стихают все земные и небесные звуки. Я нахожусь в храме тишины. Твое вечное царство покоя ярус за ярусом простирается перед моим внутренним взором. Да проявится во мне это бесконечное царство, так долго скрывавшееся во тьме. Покой наполняет мое тело, покой наполняет мое сердце и пребывает в моей любви. Покой внутри, покой вовне, покой везде. Бог есть покой. Я Его дитя. Я есть покой. Я и Отец — одно».

Ваш истинный дом — в Боге

Когда мы входим в унисон с Богом, мы слышим Его голос: «Я любил тебя с начала времен, люблю тебя сейчас и буду любить тебя, пока ты не вернешься Домой. Я всегда буду любить тебя, ведаешь ты об этом или нет».

Он говорит с нами в тишине, призывая нас вернуться Домой.

Рано или поздно вы все равно придете к Богу. Глупо спрашивать: «Смогу ли я попасть на небеса?» Только там вам и место, ведь это ваш истинный дом. Вам даже не нужно «зарабатывать» это право: вы уже дитя Господа, сотворенное по Его образу и подобию. Вам нужно лишь сорвать с себя маску человека и познать свое божественное право.

В храме тишины
Он подарит вам Себя

Если бы вы только знали, что все вы — боги. За волной вашего сознания — океан Божьего Присутствия. Вы должны обратить свой взор внутрь себя. Не сосредотачивайтесь на маленькой волне тела и его слабостях — смотрите на то, что скрывается за ними. Закройте глаза и узрите перед собой и вокруг себя безбрежную вездесущность. Вы — центр этой сферы. Вознесшись сознанием над своим телом и его переживаниями, вы обнаружите, что эта сфера наполнена великой радостью и блаженством, которые зажигают звезды и наделяют ветра и штормы могучей силой. Бог — источник всех наших радостей и всех проявлений природы...

Пробудите себя от мрака неведения! Сон иллюзии сомкнул ваши очи. Пробудитесь! Откройте глаза и узрите славу Божию — лучезарный Божий свет, пронизывающий все сущее. Я призываю вас быть божественными реалистами. В Боге вы найдете ответы на все вопросы...

Вы должны востребовать свое божественное право. Ваша непрерывная молитва, безграничная решимость и нескончаемая жажда по Богу заставят Его нарушить Свой обет молчания, и Он ответит вам. Более того, в храме тишины Он подарит вам Себя.

Какая молитва должна главенствовать в сердцах

Бог реален, и Его можно найти в этой жизни. Сердце человека преисполнено молитв о деньгах, славе, здоровье — обо всем. Главной же молитвой каждого сердца должна быть молитва о Божьем присутствии. Блуждая по дороге жизни, вы неизбежно придете к осознанию: единственное, что может вас удовлетворить, — это Бог, ибо в Боге кроется ответ на каждое желание сердца...

Ваша душа — священный храм Божий. Она должна быть очищена от смертного невежества и ограничений. Это так прекрасно — пребывать в осознании души и чувствовать себя сильным и защищенным!

Ничего не бойтесь. Отставьте ненависть и любите всех, чувствуйте Божью любовь, зрите Его в каждом человеке и желайте только одного — Его постоянного присутствия в храме вашего сознания. Именно так нужно жить в этом мире.

О Парамахансе Йогананде

Парамаханса Йогананда широко известен как один из наиболее выдающихся духовных деятелей нашего времени. Он родился в Северной Индии в 1893 году; в 1920 году он приехал в Соединенные Штаты, где в течение более тридцати лет распространял древнюю индийскую науку медитации и обучал искусству гармоничной духовной жизни. Изданная огромными тиражами «Автобиография йога», а также другие книги Парамахансы Йогананды познакомили миллионы читателей с неувядающей мудростью Востока. Его духовная и гуманитарная работа продолжается обществом Self-Realization Fellowship, основанным самим Парамахансой Йоганандой в 1920 году для распространения своих учений по всему миру.

Книги Парамахансы Йогананды на русском языке

Издательство Self-Realization Fellowship

Доступны на сайте www.srfbooks.org и в других книжных интернет-магазинах

«Автобиография йога»

«Закон успеха»

«Вечный поиск»

«Божественный роман»

«Как говорить с Богом»

«Почему Бог допускает зло»

«Метафизические медитации»

«Высказывания Парамахансы Йогананды»

«Научные целительные аффирмации»

«Быть победителем в жизни»

«Жить бесстрашно»

«Религия как наука»

«Внутренний покой»

В издательстве «София» (www.sophia.ru) можно приобрести следующие книги:

«Автобиография йога»

«Бхагавадгита: Беседы Бога с Арджуной»

Другие издания Self-Realization Fellowship на русском языке

«Только любовь»
Шри Дайя Мата

«Как найти радость внутри себя»
Шри Дайя Мата

«Отношения между гуру и учеником»
Шри Мриналини Мата

«Проявление Божественного сознания в повседневной жизни»
Шри Мриналини Мата

Книги Парамахансы Йогананды на английском языке

Доступны напрямую у издателя:
Self-Realization Fellowship
3880 San Rafael Avenue • Los Angeles, California 90065-3219
Тел. (323) 225-2471 • *Факс* (323) 225-5088

www.srfbooks.org

Autobiography of a Yogi

The Second Coming of Christ:
The Resurrection of the Christ Within You
Комментарий-откровение изначального учения Христа

God Talks with Arjuna: The Bhagavad Gita
Новый перевод и комментарии

Man's Eternal Quest
Первый том собрания лекций, эссе и неформальных бесед Парамахансы Йогананды

The Divine Romance
Второй том собрания лекций, эссе и неформальных бесед Парамахансы Йогананды

Journey to Self-Realization
Третий том собрания лекций, эссе и неформальных бесед Парамахансы Йогананды

Wine of the Mystic:
The Rubaiyat of Omar Khayyam — A Spiritual Interpretation
Вдохновенный комментарий, проливающий свет на мистическую науку общения с Богом, на которую указывают таинственные образы «Рубайята»

Where There Is Light:
Insight and Inspiration for Meeting Life's Challenges

Whispers from Eternity
Собрание вдохновенных молитв Парамахансы Йогананды и его запечатленных переживаний во время общения с Богом в высших стадиях медитации

The Science of Religion

The Yoga of the Bhagavad Gita:
An Introduction to India's Universal Science of God-Realization

The Yoga of Jesus:
Understanding the Hidden Teachings of the Gospels

In the Sanctuary of the Soul:
A Guide to Effective Prayer

Inner Peace:
How to Be Calmly Active and Actively Calm

To Be Victorious in Life

Why God Permits Evil and How to Rise Above It

Living Fearlessly:
Bringing Out Your Inner Soul Strength

How You Can Talk With God

Metaphysical Meditations
Более трехсот вдохновенных медитаций и одухотворенных молитв и аффирмаций Парамахансы Йогананды

Scientific Healing Affirmations
Парамаханса Йогананда дает здесь глубокое объяснение принципу действия целительных аффирмаций

Sayings of Paramahansa Yogananda
Короткие истории, в которых запечатлены искренние, пронизанные любовью советы и наставления Парамахансы Йогананды всем тем, кто обращался к нему за духовным руководством

Songs of the Soul
Мистическая поэзия Парамахансы Йогананды

The Law of Success
В этой книге Парамаханса Йогананда объясняет динамические принципы достижения целей

Cosmic Chants
Слова и музыка к шестидесяти духовным песням на английском языке; также прилагается вводная статья о том, как духовное пение способствует общению с Богом

DVD (документальный фильм)

Awake: The Life of Yogananda
Отмеченный наградами документальный фильм о жизни и работе Парамахансы Йогананды

Уроки Self-Realization Fellowship

Личные наставления и инструкции Парамахансы Йогананды по техникам йогической медитации и принципам духовной жизни

Если вы чувствуете тягу к познанию духовных истин, описанных в книге «В святилище души», мы предлагаем вам подписаться на *Уроки Self-Realization Fellowship* (*Self-Realization Fellowship Lessons*).

Парамаханса Йогананда разработал эту серию уроков для домашнего обучения с той целью, чтобы искренние искатели имели возможность самостоятельно изучать и практиковать древние йогические техники медитации, которые он представил Западу, — включая науку *Крийя-йоги*. *Уроки SRF* содержат, помимо прочего, практическое руководство по обретению сбалансированного физического, психологического и духовного благополучия.

Уроки Self-Realization Fellowship распространяются за символическую плату, чтобы покрыть расходы по печати и отправке материалов по почте. Все обучающиеся могут рассчитывать на бесплатную консультацию по практическим аспектам уроков со стороны монахов и монахинь общества Self-Realization Fellowship.

Если вы желаете знать больше…

Пожалуйста, посетите веб-сайт www.srflessons.org, чтобы запросить брошюру с исчерпывающей информацией по *Урокам SRF*.

www.ingramcontent.com/pod-product-compliance
Lightning Source LLC
Chambersburg PA
CBHW020010050426
42450CB00005B/408